快递暂行条例
快递市场管理办法

法律出版社
·北　京·

图书在版编目（CIP）数据

快递暂行条例　快递市场管理办法. -- 北京 : 法律出版社, 2025. -- ISBN 978-7-5244-0254-1

Ⅰ. D922.296

中国国家版本馆 CIP 数据核字第 2025CV3357 号

快递暂行条例　快递市场管理办法
KUAIDI ZANXING TIAOLI　KUAIDI SHICHANG GUANLI BANFA

出版发行 法律出版社
编辑统筹 法规出版分社
责任编辑 张红蕊
装帧设计 臧晓飞
责任校对 陶玉霞
责任印制 耿润瑜

开本 850 毫米×1168 毫米　1/32
印张 1　**字数** 23 千
版本 2025 年 4 月第 1 版
印次 2025 年 4 月第 1 次印刷
印刷 三河市兴达印务有限公司
经销 新华书店

地址:北京市丰台区莲花池西里 7 号(100073)
网址:www. lawpress. com. cn
投稿邮箱:info@ lawpress. com. cn
举报盗版邮箱:jbwq@ lawpress. com. cn

销售电话:010-83938349
客服电话:010-83938350
咨询电话:010-63939796

书号:ISBN 978-7-5244-0254-1　**定价**:5. 00 元
凡购买本社图书,如有印装错误,我社负责退换。电话:010-83938349

目　　录

快递暂行条例

（2018年3月2日中华人民共和国国务院令第697号公布　根据2019年3月2日《国务院关于修改部分行政法规的决定》第一次修订　根据2025年4月13日《国务院关于修改〈快递暂行条例〉的决定》第二次修订）

第一章　总　　则

第一条　为促进快递业健康发展，保障快递安全，保护快递用户合法权益，加强对快递业的监督管理，根据《中华人民共和国邮政法》和其他有关法律，制定本条例。

第二条　在中华人民共和国境内从事快递业务经营、接受快递服务以及对快递业实施监督管理，适用本条例。

第三条　快递业发展应当遵循市场主导、保障安全、创新驱动、协同发展的原则，构建普惠城乡、技术先进、服务优质、安全高效、绿色节能的快递服务体系。

第四条　地方各级人民政府应当创造良好的快递业营商环境，支持经营快递业务的企业创新商业模式和服务方式，引导经营快递业务的企业加强服务质量管理、健全规章制度、完善安全保障措施，为用户提供迅速、准确、安全、方便的快递服务。

地方各级人民政府应当确保政府相关行为符合公平竞争要

求和相关法律法规,维护快递业竞争秩序,不得出台违反公平竞争、可能造成地区封锁和行业垄断的政策措施。

第五条 任何单位或者个人不得利用信件、包裹、印刷品以及其他寄递物品(以下统称快件)从事危害国家安全、社会公共利益或者他人合法权益的活动。

除有关部门依照法律对快件进行检查外,任何单位或者个人不得非法检查他人快件。任何单位或者个人不得私自开拆、隐匿、毁弃、倒卖他人快件。

第六条 国务院邮政管理部门负责对全国快递业实施监督管理。国务院公安、国家安全、海关、市场监督管理等有关部门在各自职责范围内负责相关的快递监督管理工作。

省、自治区、直辖市邮政管理机构和按照国务院规定设立的省级以下邮政管理机构负责对本辖区的快递业实施监督管理。县级以上地方人民政府有关部门在各自职责范围内负责相关的快递监督管理工作。

第七条 国务院邮政管理部门和省、自治区、直辖市邮政管理机构以及省级以下邮政管理机构(以下统称邮政管理部门)应当与公安、国家安全、海关、市场监督管理等有关部门相互配合,建立健全快递安全监管机制,加强对快递业安全运行的监测预警,收集、共享与快递业安全运行有关的信息,依法处理影响快递业安全运行的事件。

第八条 依法成立的快递行业组织应当保护企业合法权益,加强行业自律,促进企业守法、诚信、安全经营,督促企业落实安全生产主体责任,引导企业不断提高快递服务质量和水平。

第九条 国家加强快递业诚信体系建设,建立健全快递业信用记录、信息公开、信用评价制度,依法实施联合惩戒措施,提高快递业信用水平。

第十条 国家完善综合性支持政策，推进快递包装绿色化、减量化、可循环。

国家鼓励经营快递业务的企业和寄件人使用可降解、可重复利用的环保包装材料。

第二章 发展保障

第十一条 国务院邮政管理部门应当制定快递业发展规划，促进快递业健康发展。

县级以上地方人民政府应当将快递业发展纳入本级国民经济和社会发展规划，在国土空间规划中统筹考虑快件大型集散、分拣等基础设施用地的需要。

县级以上地方人民政府建立健全促进快递业健康发展的政策措施，完善相关配套规定，依法保障经营快递业务的企业及其从业人员的合法权益。

第十二条 国家支持和鼓励经营快递业务的企业在农村、偏远地区发展快递服务网络，完善快递末端网点布局。

第十三条 国家鼓励和引导经营快递业务的企业采用先进技术，促进自动化分拣设备、机械化装卸设备、智能末端服务设施、快递电子运单以及快件信息化管理系统等的推广应用。

第十四条 县级以上地方人民政府公安、交通运输等部门和邮政管理部门应当加强协调配合，建立健全快递运输保障机制，依法保障快递服务车辆通行和临时停靠的权利，不得禁止快递服务车辆依法通行。

邮政管理部门会同县级以上地方人民政府公安等部门，依法规范快递服务车辆的管理和使用，对快递专用电动三轮车的行驶时速、装载质量等作出规定,并对快递服务车辆加强统一编号和标识管理。经营快递业务的企业应当对其从业人员加强道路交通安全培训。

快递从业人员应当遵守道路交通安全法律法规的规定,按照操作规范安全、文明驾驶车辆。快递从业人员因执行工作任务造成他人损害的,由快递从业人员所属的经营快递业务的企业依照民事侵权责任相关法律的规定承担侵权责任。

第十五条 企业事业单位、住宅小区管理单位应当根据实际情况,采取与经营快递业务的企业签订合同、设置快件收寄投递专门场所等方式,为开展快递服务提供必要的便利。鼓励多个经营快递业务的企业共享末端服务设施,为用户提供便捷的快递末端服务。

第十六条 国家鼓励快递业与制造业、农业、商贸业等行业建立协同发展机制,推动快递业与电子商务融合发展,加强信息沟通,共享设施和网络资源。

国家引导和推动快递业与铁路、公路、水路、民航等行业的标准对接,支持在大型车站、码头、机场等交通枢纽配套建设快件运输通道和接驳场所。

第十七条 国家鼓励经营快递业务的企业依法开展进出境快递业务,支持在重点口岸建设进出境快件处理中心、在境外依法开办快递服务机构并设置快件处理场所。

海关、邮政管理等部门应当建立协作机制,完善进出境快件管理,推动实现快件便捷通关。

第三章 经营主体

第十八条 经营快递业务,应当依法取得快递业务经营许可。邮政管理部门应当根据《中华人民共和国邮政法》第五十二条、第五十三条规定的条件和程序核定经营许可的业务范围和地域范围，向社会公布取得快递业务经营许可的企业名单，并及时更新。

第十九条 经营快递业务的企业及其分支机构可以根据业务需要开办快递末端网点，并应当自开办之日起20日内向所在地邮政管理部门备案。快递末端网点无需办理营业执照。

第二十条 两个以上经营快递业务的企业可以使用统一的商标、字号或者快递运单经营快递业务。

前款规定的经营快递业务的企业应当签订书面协议明确各自的权利义务，遵守共同的服务约定，在服务质量、安全保障、业务流程等方面实行统一管理，为用户提供统一的快件跟踪查询和投诉处理服务。

用户的合法权益因快件延误、丢失、损毁或者内件短少而受到损害的，用户可以要求该商标、字号或者快递运单所属企业赔偿，也可以要求实际提供快递服务的企业赔偿。

第二十一条 经营快递业务的企业应当依法保护其从业人员的合法权益。

经营快递业务的企业应当对其从业人员加强职业操守、服务规范、作业规范、安全生产、车辆安全驾驶等方面的教育和培训。

第四章 快递服务

第二十二条 经营快递业务的企业在寄件人填写快递运单前，应当提醒其阅读快递服务合同条款、遵守禁止寄递和限制寄递物品的有关规定，告知相关保价规则和保险服务项目。

寄件人交寄贵重物品的，应当事先声明；经营快递业务的企业可以要求寄件人对贵重物品予以保价。

第二十三条 寄件人交寄快件，应当如实提供以下事项：

（一）寄件人姓名、地址、联系电话；

（二）收件人姓名（名称）、地址、联系电话；

（三）寄递物品的名称、性质、数量。

除信件和已签订安全协议用户交寄的快件外，经营快递业务的企业收寄快件，应当对寄件人身份进行查验，并登记身份信息，但不得在快递运单上记录除姓名（名称）、地址、联系电话以外的用户身份信息。寄件人拒绝提供身份信息或者提供身份信息不实的，经营快递业务的企业不得收寄。

第二十四条 国家鼓励经营快递业务的企业在节假日期间根据业务量变化实际情况，为用户提供正常的快递服务。

第二十五条 经营快递业务的企业应当规范操作，防止造成快件损毁。

法律法规对食品、药品等特定物品的运输有特殊规定的，寄件人、经营快递业务的企业应当遵守相关规定。

第二十六条 经营快递业务的企业应当将快件投递到约定的收件地址、收件人或者收件人指定的代收人，并告知收件人或者代收人当面验收。收件人或者代收人有权当面验收。

第二十七条 快件无法投递的，经营快递业务的企业应当退回寄件人或者根据寄件人的要求进行处理；属于进出境快件的，经营快递业务的企业应当依法办理海关和检验检疫手续。

快件无法投递又无法退回的，依照下列规定处理：

（一）属于信件，自确认无法退回之日起超过 6 个月无人认领的，由经营快递业务的企业在所在地邮政管理部门的监督下销毁；

（二）属于信件以外其他快件的，经营快递业务的企业应当登记，并按照国务院邮政管理部门的规定处理；

（三）属于进境快件的，交由海关依法处理。

第二十八条 快件延误、丢失、损毁或者内件短少的，对保价的快件，应当按照经营快递业务的企业与寄件人约定的保价规则确定赔偿责任；对未保价的快件，依照民事法律的有关规定确定赔偿责任。

国家鼓励保险公司开发快件损失赔偿责任险种，鼓励经营快递业务的企业投保。

第二十九条 经营快递业务的企业应当实行快件寄递全程信息化管理，公布联系方式，保证与用户的联络畅通，向用户提供业务咨询、快件查询等服务。用户对快递服务质量不满意的，可以向经营快递业务的企业投诉，经营快递业务的企业应当自接到投诉之日起7日内予以处理并告知用户。

第三十条 经营快递业务的企业停止经营的，应当提前10日向社会公告，书面告知邮政管理部门，交回快递业务经营许可证，并依法妥善处理尚未投递的快件。

经营快递业务的企业或者其分支机构因不可抗力或者其他特殊原因暂停快递服务的，应当及时向邮政管理部门报告，向社会公告暂停服务的原因和期限，并依法妥善处理尚未投递的快件。

第五章 快递安全

第三十一条 寄件人交寄快件和经营快递业务的企业收寄快件应当遵守《中华人民共和国邮政法》第二十四条关于禁止

寄递或者限制寄递物品的规定。

禁止寄递物品的目录及管理办法，由国务院邮政管理部门会同国务院有关部门制定并公布。

第三十二条 经营快递业务的企业收寄快件，应当依照《中华人民共和国邮政法》的规定验视内件，并作出验视标识。寄件人拒绝验视的，经营快递业务的企业不得收寄。

经营快递业务的企业受寄件人委托，长期、批量提供快递服务的，应当与寄件人签订安全协议，明确双方的安全保障义务。

第三十三条 经营快递业务的企业可以自行或者委托第三方企业对快件进行安全检查，并对经过安全检查的快件作出安全检查标识。经营快递业务的企业委托第三方企业对快件进行安全检查的，不免除委托方对快件安全承担的责任。

经营快递业务的企业或者接受委托的第三方企业应当使用符合强制性国家标准的安全检查设备，并加强对安全检查人员的背景审查和技术培训；经营快递业务的企业或者接受委托的第三方企业对安全检查人员进行背景审查，公安机关等相关部门应当予以配合。

第三十四条 经营快递业务的企业发现寄件人交寄禁止寄递物品的，应当拒绝收寄；发现已经收寄的快件中有疑似禁止寄递物品的，应当立即停止分拣、运输、投递。对快件中依法应当没收、销毁或者可能涉及违法犯罪的物品，经营快递业务的企业应当立即向有关部门报告并配合调查处理；对其他禁止寄递物品以及限制寄递物品，经营快递业务的企业应当按照法律、行政法规或者国务院和国务院有关主管部门的规定处理。

第三十五条 经营快递业务的企业应当建立快递运单及电子数据管理制度，妥善保管用户信息等电子数据，定期销毁快递运单，采取有效技术手段保证用户信息安全。具体办法由国务院邮政管理部门会同国务院有关部门制定。

经营快递业务的企业及其从业人员不得出售、泄露或者非法提供快递服务过程中知悉的用户信息。发生或者可能发生用户信息泄露的，经营快递业务的企业应当立即采取补救措施，并向所在地邮政管理部门报告。

第三十六条 经营快递业务的企业应当依法建立健全安全生产责任制，确保快递服务安全。

经营快递业务的企业应当依法制定突发事件应急预案，定期开展突发事件应急演练；发生突发事件的，应当按照应急预案及时、妥善处理，并立即向所在地邮政管理部门报告。

第六章 快递包装

第三十七条 快递包装应当符合寄递生产作业的要求，节约使用资源，避免过度包装，防止污染环境。

国务院标准化行政主管部门和国务院邮政管理等部门按照职责分工组织制定快递包装的国家标准、行业标准。快递包装应当符合强制性国家标准。

第三十八条 国家鼓励科技创新，支持采用新技术、新材料、新工艺研发、生产符合绿色环保要求的快递包装。

第三十九条 经营快递业务的企业应当在保障快递安全的前提下，优化快递包装方式和包装结构设计，节约使用包装物。

鼓励经营快递业务的企业使用通过绿色产品认证的包装物。

第四十条 国家推动经营快递业务的企业与商品生产企业、电子商务企业协同发展，推广商品原装直发，减少寄递环节的二次包装。

第四十一条 经营快递业务的企业应当制定并实施快递包装操作规范，加强对其从业人员快递包装操作技能的培训。

第四十二条 经营快递业务的企业应当制定并实施包装物回收利用管理制度，优化业务流程，提高包装物的回收利用率。

鼓励在快递经营场所和企业事业单位、住宅小区等其他适当场所设置包装物回收设施设备。

第四十三条 经营快递业务的企业应当按照国家有关规定向邮政管理部门报告包装物中一次性塑料制品的使用、回收情况。

第四十四条 国务院有关部门、县级以上地方人民政府及其有关部门应当组织开展多种形式的宣传教育活动，新闻媒体应当开展公益宣传，提高公众的环保包装意识。

鼓励经营快递业务的企业通过积分奖励、寄件优惠等方式引导用户重复使用包装物。

第四十五条 依法成立的快递行业组织应当将经营快递业务的企业使用、回收包装物等情况纳入行业自律范围，并及时向社会公布有关情况。

第七章　监督检查

第四十六条 邮政管理部门应当加强对快递业的监督检查。监督检查应当以下列事项为重点：

（一）从事快递活动的企业是否依法取得快递业务经营许可；

（二）经营快递业务的企业的安全管理制度是否健全并有效实施；

（三）经营快递业务的企业是否妥善处理用户的投诉、保护用户合法权益；

（四）经营快递业务的企业是否落实快递包装有关管理制度和强制性国家标准。

第四十七条 邮政管理部门应当建立和完善以随机抽查为重点的日常监督检查制度，公布抽查事项目录，明确抽查的依据、频次、方式、内容和程序，随机抽取被检查企业，随机选派检查人员。抽查情况和查处结果应当及时向社会公布。

邮政管理部门应当充分利用计算机网络等先进技术手段，加强对快递业务活动的日常监督检查，提高快递业管理水平。

第四十八条 邮政管理部门依法履行职责，有权采取《中华人民共和国邮政法》第六十一条规定的监督检查措施。邮政管理部门实施现场检查，有权查阅经营快递业务的企业管理快递业务的电子数据。

国家安全机关、公安机关为维护国家安全和侦查犯罪活动的需要依法开展执法活动，经营快递业务的企业应当提供技术支持和协助。

《中华人民共和国邮政法》第十一条规定的处理场所，包括快件处理场地、设施、设备。

第四十九条 邮政管理部门应当向社会公布本部门的联系方式，方便公众举报违法行为。

邮政管理部门接到举报的，应当及时依法调查处理，并为举报人保密。对实名举报的，邮政管理部门应当将处理结果告知举报人。

第八章 法律责任

第五十条 未取得快递业务经营许可从事快递活动的，由邮政管理部门依照《中华人民共和国邮政法》的规定予以处罚。

经营快递业务的企业或者其分支机构有下列行为之一的，由邮政管理部门责令改正，可以处1万元以下的罚款；情节严重的，处1万元以上5万元以下的罚款，并可以责令停业整顿：

（一）开办快递末端网点未向所在地邮政管理部门备案；

（二）停止经营快递业务，未提前10日向社会公告，未书面告知邮政管理部门并交回快递业务经营许可证，或者未依法妥善处理尚未投递的快件；

（三）因不可抗力或者其他特殊原因暂停快递服务，未及时向邮政管理部门报告并向社会公告暂停服务的原因和期限，或者未依法妥善处理尚未投递的快件。

第五十一条 两个以上经营快递业务的企业使用统一的商标、字号或者快递运单经营快递业务，未遵守共同的服务约定，在服务质量、安全保障、业务流程等方面未实行统一管理，或者未向用户提供统一的快件跟踪查询和投诉处理服务的，由邮政管理部门责令改正，处1万元以上5万元以下的罚款；情节严重的，处5万元以上10万元以下的罚款，并可以责令停业整顿。

第五十二条 冒领、私自开拆、隐匿、毁弃、倒卖或者非法检查他人快件，尚不构成犯罪的，依法给予治安管理处罚。

经营快递业务的企业有前款规定行为，或者非法扣留快件的，由邮政管理部门责令改正，没收违法所得，并处5万元以上10万元以下的罚款；情节严重的，并处10万元以上20万元以下的罚款，并可以责令停业整顿直至吊销其快递业务经营许可证。

第五十三条 经营快递业务的企业有下列情形之一的，由邮政管理部门依照《中华人民共和国邮政法》、《中华人民共和国反恐怖主义法》的规定予以处罚：

（一）不建立或者不执行收寄验视制度；

（二）违反法律、行政法规以及国务院和国务院有关部门关于禁止寄递或者限制寄递物品的规定；

（三）收寄快件未查验寄件人身份并登记身份信息，或者发现寄件人提供身份信息不实仍予收寄；

（四）未按照规定对快件进行安全检查。

寄件人在快件中夹带禁止寄递的物品，尚不构成犯罪的，依法给予治安管理处罚。

第五十四条 经营快递业务的企业有下列行为之一的，由邮政管理部门责令改正，没收违法所得，并处 1 万元以上 5 万元以下的罚款；情节严重的，并处 5 万元以上 10 万元以下的罚款，并可以责令停业整顿直至吊销其快递业务经营许可证：

（一）未按照规定建立快递运单及电子数据管理制度；

（二）未定期销毁快递运单；

（三）出售、泄露或者非法提供快递服务过程中知悉的用户信息；

（四）发生或者可能发生用户信息泄露的情况，未立即采取补救措施，或者未向所在地邮政管理部门报告。

第五十五条 经营快递业务的企业及其从业人员在经营活动中有危害国家安全行为的，依法追究法律责任；对经营快递业务的企业，由邮政管理部门吊销其快递业务经营许可证。

第五十六条 经营快递业务的企业采用的快递包装不符合强制性国家标准，或者未按照国家有关规定向邮政管理部门报告包装物中一次性塑料制品的使用情况的，由邮政管理部门依照《中华人民共和国标准化法》、《中华人民共和国固体废物污染环境防治法》等法律、行政法规的规定予以处罚。

经营快递业务的企业未按照规定制定、实施快递包装操作规范或者包装物回收利用管理制度的，由邮政管理部门责令改正；拒不改正的，处 5000 元以上 2 万元以下的罚款。

第五十七条 邮政管理部门和其他有关部门的工作人员在监督管理工作中滥用职权、玩忽职守、徇私舞弊的，依法给予处分。

第五十八条 违反本条例规定，构成犯罪的，依法追究刑事责任；造成人身、财产或者其他损害的，依法承担赔偿责任。

第九章 附 则

第五十九条 本条例自 2018 年 5 月 1 日起施行。

快递市场管理办法

（2023 年 12 月 17 日交通运输部令 2023 年
第 22 号公布　自 2024 年 3 月 1 日起施行）

第一章　总　　则

第一条　为了加强快递市场监督管理，保障快递服务质量和安全，维护用户、快递从业人员和经营快递业务的企业的合法权益，促进快递业健康发展，根据《中华人民共和国邮政法》《快递暂行条例》等法律、行政法规，制定本办法。

第二条　在中华人民共和国境内从事快递业务经营、使用快递服务以及对快递市场实施监督管理，适用本办法。

第三条　经营快递业务的企业应当遵守法律法规和公序良俗，依法节约资源、保护生态环境，为用户提供迅速、准确、安全、方便的快递服务。

第四条　两个以上经营快递业务的企业使用统一的商标、字号、快递运单及其配套的信息系统的，应当签订书面协议，明确各自的权利义务，遵守共同的服务约定，在服务质量、安全保障、业务流程、生态环保、从业人员权益保障等方面实行统一管理。

商标、字号、快递运单及其配套的信息系统的归属企业，简称为总部快递企业。

第五条 用户使用快递服务应当遵守法律、行政法规以及国务院和国务院有关部门关于禁止寄递或者限制寄递物品的规定，真实、准确地向经营快递业务的企业提供使用快递服务所必需的信息。

第六条 国务院邮政管理部门负责对全国快递市场实施监督管理。

省、自治区、直辖市邮政管理机构负责对本行政区域的快递市场实施监督管理。

按照国务院规定设立的省级以下邮政管理机构负责对本辖区的快递市场实施监督管理。

国务院邮政管理部门和省、自治区、直辖市邮政管理机构及省级以下邮政管理机构，统称为邮政管理部门。

第七条 邮政管理部门对快递市场实施监督管理应当公开、公正，鼓励公平竞争，支持高质量发展，加强线上线下一体化监督管理。

第八条 依法成立的快递行业组织应当维护经营快递业务的企业、快递末端网点和快递从业人员的合法权益，依照法律、法规以及组织章程规定，制定快递行业规范公约，加强行业自律，倡导企业守法、诚信、安全、绿色经营。

第九条 经营快递业务的企业应当坚持绿色低碳发展，落实生态环境保护责任。

经营快递业务的企业应当按照国家规定，推进快递包装标准化、循环化、减量化、无害化，避免过度包装。

第二章 发展保障

第十条 国务院邮政管理部门制定快递业发展规划，促进快递业高质量发展。

省、自治区、直辖市邮政管理机构可以结合地方实际制定本行政区域的快递业发展规划。

第十一条 邮政管理部门会同有关部门支持、引导经营快递业务的企业在城乡设置快件收投服务场所和智能收投设施。

邮政管理部门支持在公共服务设施布局中统筹建设具有公共服务属性的收投服务场所和智能收投设施。

邮政管理部门对快递服务类型和快递服务设施实施分类代码管理。

第十二条 国务院邮政管理部门会同国家有关部门支持建设进出境快件处理中心,在交通枢纽配套建设快件运输通道和接驳场所,优化快递服务网络布局。

第十三条 邮政管理部门支持创新快递商业模式和服务方式,引导快递市场新业态数字化、智能化、规范化发展,加强服务质量监督管理。

第三章 绿色低碳发展

第十四条 邮政管理部门应当引导用户使用绿色包装和减量包装,鼓励经营快递业务的企业开展绿色设计、选择绿色材料、实施绿色运输、使用绿色能源。

第十五条 经营快递业务的企业应当加强包装操作规范,运用信息技术,优化包装结构,优先使用产品原包装,在设计、生产、销售、使用等环节全链条推进快递包装绿色化。

第十六条 经营快递业务的企业应当优先采购有利于保护环境的产品,使用符合国家强制性标准的包装产品,不得使用国家禁止使用的塑料制品。

第十七条 经营快递业务的企业应当积极回收利用包装物,不断提高快递包装复用比例,推广应用可循环、易回收、可降解的快递包装。

第四章 市场秩序

第十八条 经营快递业务的企业应当在快递业务经营许可范围内依法经营快递业务,不得超越许可的业务范围和地域范围。

经营快递业务的企业设立分支机构,应当向邮政管理部门备案,报告分支机构的营业执照信息。

第十九条 经营快递业务的企业不得以任何方式委托未取得快递业务经营许可的企业经营快递业务。

经营快递业务的企业不得以任何方式超越许可范围委托、受托经营快递业务。

第二十条 总部快递企业依照法律、行政法规规定,对使用其商标、字号、快递运单及其配套的信息系统经营快递业务的企业实施统一管理,履行统一管理责任。

总部快递企业应当建立规范化标准化管理制度和机制,对使用其商标、字号、快递运单及其配套的信息系统经营快递业务的企业实施合理的管理措施,保障向用户正常提供快递服务。

第二十一条 经营快递业务的企业不得实施下列行为:

(一)明知他人从事危害国家安全、社会公共利益或者他人合法权益活动仍配合提供快递服务;

(二)违法虚构快递服务信息;

(三)出售、泄露或者非法提供快递服务过程中知悉的用户信息;

（四）法律、法规以及国家规定禁止的其他行为。

第五章　快递服务

第二十二条　经营快递业务的企业应当按照法律、行政法规的规定，在门户网站、营业场所公示或者以其他明显方式向社会公布其服务种类、服务地域、服务时限、营业时间、资费标准、快件查询、损失赔偿、投诉处理等服务事项。

经营快递业务的企业公示或者公布的服务地域，应当以建制村、社区为基本单元，明确服务地域范围。鼓励经营快递业务的企业以县级行政区域为基本单元公布资费标准，明确重量误差范围。

除不可抗力外，前两款规定的事项发生变更的，经营快递业务的企业应当提前10日向社会发布服务提示公告。

第二十三条　经营快递业务的企业为电子商务经营者交付商品提供快递服务的，应当书面告知电子商务经营者在其销售商品的网页上明示快递服务品牌，保障用户对快递服务的知情权。

第二十四条　经营快递业务的企业提供快递服务，应当与寄件人订立服务合同，明确权利和义务。经营快递业务的企业对不能提供服务的建制村、社区等区域，应当以醒目的方式提前告知寄件人。

第二十五条　经营快递业务的企业应当采取有效技术手段，保证用户、邮政管理部门能够通过快递运单码号或者信息系统查知下列内容：

（一）订立、履行快递服务合同所必需的用户个人信息范围以及处理个人信息前应当依法告知的事项；

（二）快递服务承诺事项以及投递方式和完成标准；

（三）快递物品的名称、数量、重量；

（四）该快件的快递服务费金额；

（五）服务纠纷的解决方式。

用户查询前款规定的信息的，经营快递业务的企业应当按照《中华人民共和国个人信息保护法》的要求采取措施防止未经授权的查询以及个人信息泄露。

第二十六条 经营快递业务的企业应当建立服务质量管理制度和业务操作规范，保障服务质量，并符合下列要求：

（一）提供快递服务时，恪守社会公德，诚信经营，保障用户的合法权益，不得设定不公平、不合理的交易条件，不得强制交易；

（二）提醒寄件人在提供快递运单信息前，认真阅读快递服务合同条款、遵守禁止寄递和限制寄递物品的有关规定，告知相关保价规则和保险服务项目；

（三）依法对寄件人身份进行查验，登记身份信息，寄件人拒绝提供身份信息或者提供身份信息不实的，不得收寄；

（四）对寄件人交寄的信件以外的物品进行查验，登记内件品名等信息，寄件人拒绝提供内件信息或者提供的内件信息与查验情况不符的，不得收寄；

（五）在快递运单上如实标注快件重量；

（六）寄件人提供的收寄地址与快件实际收寄地址不一致的，在快递运单上一并如实记录；

（七）按照快件的种类和时限分别处理、分区作业、规范操作，并按规定录入、上传处理信息；

（八）保障快件安全，防止快件丢失、损毁、内件短少，不得抛扔、踩踏快件；

（九）除因不可抗力因素外，按照约定在承诺的时限内将快件投递到收件地址、收件人；

（十）向用户提供快件寄递跟踪查询服务，不得将快件进行不合理绕行，不得隐瞒、虚构寄递流程信息，保证用户知悉其使用快递服务的真实情况；

（十一）法律、行政法规规定的其他要求。

第二十七条 经营快递业务的企业投递快件，应当告知收件人有权当面验收快件，查看内件物品与快递运单记载是否一致。快递包装出现明显破损或者内件物品为易碎品的，应当告知收件人可以查看内件物品或者拒收快件。

经营快递业务的企业与寄件人事先书面约定收件人查看内件物品具体方式的，经营快递业务的企业应当在快递运单上以醒目方式注明。

除法律、行政法规另有规定外，收件人收到来源不明的快件，要求经营快递业务的企业提供寄件人姓名（名称）、地址、联系电话等必要信息的，经营快递业务的企业应当提供其掌握的信息。

第二十八条 收件人可以签字或者其他易于辨认、保存的明示方式确认收到快件，也可指定代收人验收快件和确认收到快件。

收件人或者收件人指定的代收人不能当面验收快件的，经营快递业务的企业应当与用户另行约定快件投递服务方式和确认收到快件方式。

经营快递业务的企业未经用户同意，不得代为确认收到快件，不得擅自将快件投递到智能快件箱、快递服务站等快递末端服务设施。

第二十九条 经营快递业务的企业应当按照法律、行政法规处理无法投递又无法退回的快件(以下称无着快件),并建立无着快件的核实、保管和处理制度,将处理情况纳入快递业务经营许可年度报告。

经营快递业务的企业处理无着快件,不得有下列行为:

(一)在保管期限内停止查询服务;

(二)保管期限未届满擅自处置;

(三)牟取不正当利益;

(四)非法扣留应当予以没收或者销毁的物品;

(五)法律、行政法规禁止的其他行为。

第三十条 经营快递业务的企业应当建立健全用户投诉申诉处理制度,依法处理用户提出的快递服务质量异议。

用户对投诉处理结果不满意或者投诉没有得到及时处理的,可以提出快递服务质量申诉。

邮政管理部门对用户提出的快递服务质量申诉实施调解。经营快递业务的企业应当依法处理邮政管理部门转告的申诉事项并反馈结果。

第六章 安 全 发 展

第三十一条 经营快递业务的企业应当建立健全安全生产责任制,加强从业人员安全生产教育和培训,履行法律、法规、规章规定的有关安全生产义务。

经营快递业务的企业的主要负责人是安全生产的第一责任人,对本单位的安全生产工作全面负责。其他负责人对职责范围内的安全生产工作负责。

总部快递企业应当督促其他使用与其统一的商标、字号、快递运单及其配套的信息系统经营快递业务的企业及其从业人员遵守安全自查、安全教育、安全培训等安全制度。

第三十二条 经营快递业务的企业应当遵守收寄验视、实名收寄、安全检查和禁止寄递物品管理制度。任何单位或者个人不得利用快递服务从事危害国家安全、社会公共利益、他人合法权益的活动。

第三十三条 新建快件处理场所投入使用的,经营快递业务的企业应当按照邮政管理部门的规定报告。

第三十四条 经营快递业务的企业使用快件处理场所,应当遵守下列规定:

(一)在有较大危险因素的快件处理场所和有关设施、设备上设置明显的安全警示标志,以及通信、报警、紧急制动等安全设备,并保证其处于适用状态;

(二)配备栅栏或者隔离桩等安全设备,并设置明显的人车分流安全警示标志;

(三)对场所设备、设施进行经常性维护、保养和定期检测,并将检查及处理情况形成书面记录;

(四)及时发现和整改安全隐患。

第三十五条 经营快递业务的企业在生产经营过程中,获取用户个人信息的范围,应当限于履行快递服务合同所必需,不得过度收集用户个人信息。

经营快递业务的企业应当依法建立用户个人信息安全管理制度和操作规程,不得实施下列行为:

(一)除法律、行政法规另有规定或者因向用户履行快递服务合同需要外,未经用户同意,收集、存储、使用、加工、传输、提供、公开用户信息；

（二）以概括授权、默认授权、拒绝服务等方式，强迫或者变相强迫用户同意，收集、使用与经营活动无关的用户信息；

（三）以非正当目的，向他人提供与用户关联的分析信息；

（四）法律、行政法规禁止的其他行为。

第三十六条　经营快递业务的企业应当建立快递运单（含电子运单）制作、使用、保管、销毁等管理制度和操作规程，采取加密、去标识化等安全技术措施保护快递运单信息安全。

经营快递业务的企业应当建立快递运单码号使用、销毁等管理制度，实行码号使用信息、用户信息、快递物品信息关联管理，保证快件可以跟踪查询。

任何单位和个人不得非法使用、倒卖快递运单。

第三十七条　经营快递业务的企业委托其他企业处理用户个人信息的，应当事前进行用户个人信息保护影响评估，并对受托企业处理个人信息的活动进行监督，不免除自身对用户个人信息安全承担的责任。

第三十八条　经营快递业务的企业应当及时向邮政管理部门报送生产经营过程中产生的与安全运营有关的数据信息。

经营快递业务的企业按照前款规定报送数据信息的，应当保证数据真实、准确、完整，报送方式符合国务院邮政管理部门的要求，不得漏报、错报、瞒报、谎报。

第三十九条　总部快递企业应当建立维护服务网络稳定工作制度，维护同网快递企业的服务网络稳定，并符合下列要求：

（一）实施服务网络运行监测预警和风险研判制度；

（二）建立健全应急预案；

（三）制定经营异常网点清单；

（四）及时有效排查化解企业内部矛盾纠纷，有效应对处置影响企业服务网络稳定的突发事件。

经营快递业务的企业发生服务网络阻断的，应当在24小时内向邮政管理部门报告，并向社会公告。

第四十条 总部快递企业按照《快递暂行条例》的规定，在安全保障方面实施统一管理，督促使用与其统一的商标、字号、快递运单及其配套信息系统经营快递业务的企业及其从业人员遵守反恐、禁毒、安全生产、寄递安全、网络与信息安全以及应急管理等方面的规定，符合国务院邮政管理部门关于安全保障方面统一管理的要求。

第七章 监督管理

第四十一条 邮政管理部门依法履行快递市场监督管理职责，可以采取下列监督检查措施：

（一）进入被检查单位或者涉嫌发生违法活动的其他场所实施现场检查；

（二）向有关单位和个人了解情况；

（三）查阅、复制有关文件、资料、凭证、电子数据；

（四）经邮政管理部门负责人批准，依法查封与违法活动有关的场所，扣押用于违法活动的运输工具以及相关物品，对信件以外的涉嫌夹带禁止寄递或者限制寄递物品的快件开拆检查。

第四十二条 邮政管理部门以随机抽查的方式实施日常监督检查，可以依据经营快递业务的企业的信用情况，在抽查比例和频次等方面采取差异化措施。

用户申诉反映的快递服务问题涉嫌违反邮政管理的法律、行政法规、规章的，邮政管理部门应当依法调查和处理。

第四十三条 邮政管理部门工作人员对监督检查过程中知悉的商业秘密或者个人隐私,应当依法予以保密。

第四十四条 国务院邮政管理部门建立快递服务质量评价体系,组织开展快递服务质量评价工作。

邮政管理部门可以依法要求经营快递业务的企业报告从业人员、业务量、服务质量保障等经营情况。

第四十五条 邮政管理部门可以依法采取风险提示、约谈告诫、公示公告等方式指导和督促快递企业合法合规经营。

第四十六条 国务院邮政管理部门或者省、自治区、直辖市邮政管理机构对存在重大经营风险或者安全隐患的经营快递业务的企业实施重点检查,提出整改要求。

第四十七条 经营快递业务的企业快递服务行为发生异常、可能在特定地域范围内不具备提供正常服务的能力和条件的,应当向邮政管理部门报告,并向社会公告。

第八章 法律责任

第四十八条 经营快递业务的企业将快递业务委托给未取得快递业务经营许可的企业经营的,由邮政管理部门责令改正,处 5000 元以上 1 万元以下的罚款;情节严重的,处 1 万元以上 3 万元以下的罚款。

第四十九条 总部快递企业采取不合理的管理措施,导致使用其商标、字号、快递运单及其配套信息系统经营快递业务的企业不能向用户正常提供快递服务的,由邮政管理部门责令改正,予以警告或者通报批评,可以并处 3000 元以上 1 万元以下的罚款;情节严重的,处 1 万元以上 3 万元以下的罚款;涉嫌不正当竞争或者价格违法的,将线索移送有关部门。

第五十条　经营快递业务的企业未按规定公示、公布服务地域、服务时限，或者变更服务地域、服务时限未按规定提前向社会发布公告的，由邮政管理部门责令改正，予以警告或者通报批评，可以并处3000元以上1万元以下的罚款；情节严重的，处1万元以上3万元以下的罚款；涉嫌价格违法的，将线索移送有关部门。

第五十一条　经营快递业务的企业不按照公示、公布的服务地域投递快件的，由邮政管理部门责令改正，予以警告或者通报批评，可以并处快递服务费金额1倍至10倍的罚款。

第五十二条　经营快递业务的企业未采取有效技术手段保证用户、邮政管理部门通过快递运单码号或者信息系统查知本办法第二十五条规定的内容的，由邮政管理部门责令改正，予以警告或者通报批评，可以并处3000元以上1万元以下的罚款。

第五十三条　经营快递业务的企业有下列情形之一的，由邮政管理部门责令改正，处1万元以下的罚款；情节严重的，处1万元以上3万元以下的罚款；涉嫌进行非法活动的，将线索移送有关部门：

（一）隐瞒、虚构寄递流程信息的；

（二）虚构快递物品的名称、数量、重量信息的；

（三）虚构快递服务费金额信息的；

（四）寄件人提供的收寄地址与快件实际收寄地址不一致，未在快递运单上一并如实记录的；

（五）未按本办法第二十七条规定向收件人提供寄件人信息的。

第五十四条　经营快递业务的企业有下列情形之一的，由邮政管理部门责令改正，予以警告或者通报批评，可以并处1万元以下的罚款；情节严重的，处 1 万元以上 3 万元以下的罚款：

（一）未经用户同意代为确认收到快件的；

（二）未经用户同意擅自使用智能快件箱、快递服务站等方式投递快件的；

（三）抛扔快件、踩踏快件的。

第五十五条 经营快递业务的企业未按规定配合邮政管理部门处理用户申诉的，由邮政管理部门责令改正，予以警告或者通报批评；情节严重的，并处 3000 元以下的罚款。

第五十六条 经营快递业务的企业有下列情形之一的，由邮政管理部门责令改正；逾期未改正的，处 3000 元以下的罚款。法律、行政法规有规定的，从其规定：

（一）未按规定向邮政管理部门报送数据信息或者漏报、错报、瞒报、谎报的；

（二）可能在特定地域范围内不具备提供正常服务的能力和条件，未按规定报告、公告的。

第九章 附 则

第五十七条 本办法自 2024 年 3 月 1 日起施行。交通运输部于 2013 年 1 月 11 日以交通运输部令 2013 年第 1 号公布的《快递市场管理办法》同时废止。